SAUDADE DA MINHA TERRA
histórias e vivências

Editora Appris Ltda.
1.ª Edição - Copyright© 2025 da autora
Direitos de Edição Reservados à Editora Appris Ltda.

Nenhuma parte desta obra poderá ser utilizada indevidamente, sem estar de acordo com a Lei nº 9.610/98. Se incorreções forem encontradas, serão de exclusiva responsabilidade de seus organizadores. Foi realizado o Depósito Legal na Fundação Biblioteca Nacional, de acordo com as Leis nᵒˢ 10.994, de 14/12/2004, e 12.192, de 14/01/2010.

Catalogação na Fonte
Elaborado por: Dayanne Leal Souza
Bibliotecária CRB 9/2162

	Oliveira, Cecília
O488s	Saudade da minha terra: histórias e vivências / Cecília Oliveira. – 1. ed. –
2025	Curitiba: Appris, 2025.
	123 p. ; 21 cm.
	ISBN 978-65-250-7231-9
	1. História. 2. Educação. 3. Brincadeiras. 4. Trabalho. 5. Inverno.
	I. Oliveira, Cecília. II. Título.
	CDD – 869.1

Editora e Livraria Appris Ltda.
Av. Manoel Ribas, 2265 – Mercês
Curitiba/PR – CEP: 80810-002
Tel. (41) 3156 - 4731
www.editoraappris.com.br

Printed in Brazil
Impresso no Brasil

Cecília Oliveira

SAUDADE DA MINHA TERRA
histórias e vivências

artêra
editorial
Curitiba, PR
2025

FICHA TÉCNICA

EDITORIAL	Augusto V. de A. Coelho
	Sara C. de Andrade Coelho
COMITÊ EDITORIAL	Marli Caetano
	Andréa Barbosa Gouveia (UFPR)
	Edmeire C. Pereira (UFPR)
	Iraneide da Silva (UFC)
	Jacques de Lima Ferreira (UP)
SUPERVISORA EDITORIAL	Renata C. Lopes
PRODUÇÃO EDITORIAL	Sabrina Costa da Silva
REVISÃO	J. Vanderlei
DIAGRAMAÇÃO	Amélia Lopes
CAPA	Dani Baum
REVISÃO DE PROVA	Bruna Santos

AGRADECIMENTOS

Agradeço a Deus, por esta oportunidade de chegar ao término do meu terceiro livro, depois de tantos anos de estudos e pesquisas sobre a história da minha família e comunidade em que vivi.

Agradeço aos meus pais, familiares e amigos que me ajudaram na conclusão deste trabalho.

Aos meus professores que contribuíram para minha formação e meu crescimento intelectual e profissional. Especialmente a professora Ligia Pereira dos Santos, orientadora no curso de especialização, que me acompanhou nas pesquisas realizadas.

E todas as professoras e professores que sempre lutaram e lutam pela educação do campo, da região e do país.

A todos e todas que colaboraram com a pesquisa e término desta obra, informando sobre a história das comunidades e do trabalho das educadoras dos sítios Taboado de Baixo e Taboado de Cima no município de Boqueirão-Paraíba.

Dedico este livro a todos nordestinos e nordestinas, aos meus familiares, especialmente meus pais, Sebastião Marinho e Inácia, e minha sobrinha Francynês já falecidos. E as professoras e professores que fizeram e fazem a educação do campo e do nosso país, sempre pensando na aprendizagem dos alunos e no desenvolvimento da nação.

PREFÁCIO

Em seu terceiro livro, Cecília Oliveira volta a nos presentear com sua sensibilidade singular. Em tempos de relações fugazes, valorização das tecnologias urbanas e caras em tempos de efemeridade das memórias, *Saudade da minha terra* é contrafluxo.

Ao evocar as lembranças da infância, sejam aquelas vivenciadas ou imaginadas, esta obra nos convida a percorrer o itinerário de quem teve o privilégio de uma infância permeada de simplicidade e presença de afetos. E, nesse percurso, não raras vezes, encontramo-nos com as crianças que outrora fomos.

Os 27 poemas deste livro versam sobre as relações familiares, a religiosidade, a estética, a cultura e a geografia do cariri paraibano. Em virtude da minha grande implicação afetiva com essas memórias, confesso que percorre estes poemas de forma sinestésica; consegui visualizar as cores do sol, das plantas e das paredes; consegui sentir o cheiro e o sabor da comida feita; sem esforço algum, foi possível ouvir o som do cantar dos pássaros no amanhecer no sítio e, sobretudo, relembrar os muitos abraços compartilhados naquela casa grande, barulhenta e rica de encontros.

Mas, caros leitores de outras regiões e vivências, convido-lhes a emergir nestes versos, pois, possivelmente, vocês serão capazes de experienciar essas sensações tão raras e tão caras na nossa contemporaneidade.

Destaco ainda que, além de enaltecer a cultura nordestina, este compilado de lembranças é um resgate ao respeito por todos aqueles que vieram antes de nós e que nos permitiram chegar até aqui. É a celebração da importância do que verdadeiramente importa na infância e na vida humana: o brincar, o afago, o estar junto. É a constatação de que o verdadeiramente indelével e preciso em nossa existência é saber de onde viemos e ter orgulho de nossas raízes.

Lannuzya Oliveira

APRESENTAÇÃO

Esta obra é o resultado de pesquisas realizadas sobre a história, vivências e costumes de pessoas nas comunidades rurais do Taboado de Cima e Taboado de Baixo, no município de Boqueirão na Paraíba. Apresenta a relevância do trabalho e história de vidas das primeiras professoras e catequistas, que com pouco recursos alfabetizavam muitas crianças das localidades. A importância de benzedeiras, curandeiros e parteiras que sempre salvaram muitas vidas através da fé e de recursos encontrados na natureza. A religiosidade das pessoas que sempre recorriam às preces e experiências com natureza para solucionar os problemas relacionados a doenças, seca, fome e violência.

Neste trabalho, apresenta também a trajetória de vida da autora, sua infância e adolescência arraigada a brincadeiras, imaginação e criatividade e sua convivência com pessoas mais idosas, que sempre contavam histórias sobre a família e acontecimentos que ocorria naqueles lugares, passando informações sobre as tradições religiosas e os cuidados com a natureza.

O desenvolvimento deste trabalho teve início quando a autora começou a trabalhar como coordenadora nas escolas Domício Gonçalves Carneiro no Taboado de Baixo e Manuel Francisco Barbosa no Taboado de Cima, com o apoio da Secretaria de Educação do município, por meio do secretário Laudomiro Lopes Figueiredo, começou a ser feito em todas as escolas rurais do município um projeto para pesquisar as histórias, costumes, tradições e o trabalho realizado nas comunidades em que as escolas estavam e inseridas. Com essa temática, foram feitas pesquisas e exposições pedagógicas nos anos de 2005 e 2006, para mostrar a população o resultado deste trabalho.

No final de 2005, a autora começou o curso de especialização em Educação Básica pela UEPB, junto à sua orientadora Ligia Pereira, foi organizado um projeto para pesquisar o trabalho e história das primeiras professoras das localidades do Taboado de Baixo e Taboado de Cima. Foram feitas entrevistas com familiares, ex-alunos, ex-alunas, com algumas professoras que relataram a prática do seu trabalho e os desafios encontrados com a realização do mesmo e pesquisas documentais em museu, cartório e paróquia de Cabaceiras e no município de Boqueirão. Dessas pesquisas, resultou o trabalho da monografia, apresentada no final do curso.

No percurso da orientação deste trabalho, foram apresentados posteres na semana Pedagógica no Centro de Educação na Universidade Estadual da Paraíba, em 2006, e na cidade de Maceió em encontros pedagógicos. O trabalho apresentado enfatizava a história das primeiras professoras das comunidades rurais do Taboado de Cima e Taboado de Baixo, especialmente da professora e catequista Anna Maria das Virgens ou Ana Macedo.

A escolha de trabalhar esta temática e pesquisas deve-se à necessidade de entender o processo educacional e histórico daquela localidade. Então, o estudo representa uma reconstituição da educação básica particular e pública daquelas professoras que viveram em diferentes épocas, marcados por vários fatos históricos, como: Manifesto dos Pioneiros, a Semana da Arte Moderna, a morte de João Pessoa, o início das escolas públicas e universidades, a atuação dos cangaceiros no Nordeste, o trabalho dos tropeiros no desenvolvimento das cidades e estados, a construção do açude Epitácio Pessoa segunda Bacia Hidrográfica da Paraíba, a ditadura militar que afetou também o cotidiano das pessoas nas localidades rurais, em que aumentava a fome e a pobreza, a indústria da seca e o domínio dos coronéis que buscavam sempre ter posse do poder e de propriedades de terras.

Portanto, por meio dessas pesquisas realizadas no decorrer desse tempo, começaram a ser produzidos os poemas relacionados aos temas abordados, que resultaram nesta obra. No início do livro *Saudade da minha terra: histórias e vivências*, temos um breve olhar sobre a história e formação das primeiras famílias dessas comunidades, como também o trabalho, moradia, costumes, tradições e religiosidade delas.

No percorrer desta obra, iremos nos deslumbrar com as maravilhas da natureza encontradas no campo, como: a chuva, a água, as flores, plantas e animais, o sol nascendo, o anoitecer com a beleza da lua e a alegria das pessoas que vivem na roça com a chegada do inverno, em que preparam a terra para fazer suas plantações e colheitas.

Também iremos conhecer histórias de vida e a importância do trabalho de professoras, parteiras, benzedeiras ou rezadeiras, curandeiros, tropeiros e agricultores que tanto ajudaram no desenvolvimento das localidades rurais, cidades e vilas. Sempre se preocupando com o bem-estar do próximo, muitas vezes sem receber nada em troca e sem ter o reconhecimento de quem estava no poder, mas, por meio de laços familiares, da humildade, sabedoria que muitos tinham, buscavam melhorias para todos, seja salvando vidas ou ensinando a ler, escrever e contar, davam sua contribuição para o crescimento das comunidades e do nosso país.

Cecília Maria de Oliveira

SUMÁRIO

1. CASA GRANDE...........18

2. SAUDADE DA MINHA TERRA...........21

3. O COMEÇO DE TUDO...........24

4. MINHA VIDA NO SÍTIO...........30

5. MINHA MÃE...........33

6. MINHA INFÂNCIA...........35

7. HISTÓRIA DE DEVOÇÃO DE SÃO JOÃO BATISTA...........38

8. O CANGAÇO...........45

9. OS TROPEIROS...........48

10. TRADIÇÕES E EXPERIÊNCIAS...........51

11. OS AGRICULTORES...........55

12. NO MEIO DAS HISTÓRIAS: TINHA UM RIO...........57

12-I. Taboado de Cima...........57

12-II. Taboado de Baixo...........59

13. MEUS PAIS...........64

14. A VIDA NO CAMPO DE ANTIGAMENTE...........67

15. AS PROFESSORAS DO CAMPO...........70

16. MINHAS BRINCADEIRAS...........75

17. O MEU BERÇO...........78

18. HISTÓRIA DA EDUCAÇÃO DO CAMPO...........80

19. TABOADO TERRA AMADA...........84

20. BENZEDEIRAS E PARTEIRAS 86

21. HISTÓRIA DA TECELAGEM 92

22. PRA MINHA TERRA QUERO VOLTAR 95

23. NORDESTINA COM ORGULHO 97

24. O NORDESTE É BRASILEIRO 100

25. AÇUDE EPITÁCIO PESSOA 104

26. NOITE DE INVERNADA 115

27. VAMOS FALAR DE POESIA 120

Casa do senhor Sebastião Francisco de Macedo,
construída por volta de 1896

1. CASA GRANDE

Esta casa é muito antiga,
Mas ainda nos abriga,
Da chuva e do sol.
Pois não há outra melhor,
Que esta casa amiga.

Quem mandou construir a mesma,
Foi o Senhor Sebastião Macedo.
Que contratou um pedreiro,
Para fazer esta casa,
Virada para o norte.
Com janelas grandes,
Alpendres e calçadas.

Ela foi construída,
No sítio Calumbinho,
Hoje Taboado de Baixo.
Com uma janela,
Para ver o sol nascendo,
Por trás da linda serra.
Pense em uma coisa bela!

Tem dois quartos,
Ou antigas camarinhas.
Com paredes largas,
Com grandes terreiros,
E uma larga cozinha.

Esta casa foi construída,
No ano de mil oitocentos
E noventa seis.
Para ter mais espaço,
Alegria e felicidade.

Na mesma houve,
Festas de casamento,
Missas e aniversários,
Novenas e festejos.
Que toda comunidade,
Sempre participava,
Louvavam e cantavam,
Com devoção e simplicidade.

Tinha novenas de maio,
Também de outros santos,
Eram rezados os terços.
Tinha aulas de catequese,
Que também alfabetizava,
As crianças não alfabetizadas.

Teve alguns acontecimentos;
Como a visita do cangaceiro,
Antônio Silvino.
Que visitou a casa,
Mais os seus cabras,
Causando um pouco de medo.
Mas ele ainda tinha respeito,

Pelo dono da mesma,
E também sua família.

Se soubesse falar,
Ela tinha muito que contar.
São mais de cento e vinte anos,
Dando abrigo a muitas pessoas,
Que sempre comemoram juntas.
Com felicidade e emoção,
E saudade no peito,
Guardando tudo no coração,
E no seu pensamento.

Aquela casa é nossa história,
Que não dá para esconder.
Não sai da memória,
Nem dá para esquecer.
A casa que nós vivemos,
Que sorrimos e choramos.
A nossa história de vida,
Como é bom reviver.

2. SAUDADE DA MINHA TERRA

Que saudade da terra,
Daquela querida vida.
Do cheiro da flor.
Da noite enluarada.
De um lugar encantador,
Que sempre me alegrou.
Ouvindo a passarada,
Cantando nas madrugadas.

Ô saudade do verde.
Também daquela gente.
Da antiga casa querida.
Daquelas serras bem altas,
Que eu avistava ao redor.
Daquele rio cheio de água,
Isso aumenta a mágoa,
Do pobre sonhador.

Saudade do mato,
Do alecrim cheiroso.
Dos grilos e sapos cantando,
Da noite chuvosa e o calor.
Do tempo que foi embora,
Agora minha alma chora,
E o coração vive cheio de dor.

Ô saudade malvada,
Me leve para ver as serras.
Eu quero viver,
Como uma eterna apaixonada,
Da vida e natureza.
Da terra que me viu crescer,
Da flor e bem querer,
De pisar na terra molhada.

Saudade que eu sinto,
Do grupo escolar,
Onde li a primeira lição.
Das histórias dos livros.
E aquele lindo lugar,
Que só traz recordação.

Saudade dá luz do sol.
Do vento ao tocar meu rosto.
Da noite enluarada.
Da plantação, da flor.
Das horas de café e almoço,
Da chuva e invernada.

Saudade me dê carona,
Não me deixe mais aqui.
Quero ver o cariri,
A alegria da sanfona.
E quando o galo cantar,
Quero feliz acordar,
Ir embora trabalhar.

SAUDADE DA MINHA TERRA

Saudade da vida do sítio.
Do rio e novenas.
Do entardecer e natureza.
Da vida que não esqueço.
Não sai da minha lembrança,
O tempo bom de criança.
Mas tenho a esperança,
De voltar para o meu berço.

3. O COMEÇO DE TUDO

Em meados de mil oitocentos,
Nasceu Sebastião
Francisco de Macedo.
Filho da paixão,
De José Sinhozinho,
Com dona Maria.
E com muita alegria,
Viviam em boa união.

Depois que Sebastião cresceu,
Casou com Umbelina
Da Paz Monteiro.
E construíram sua família,
Tinham treze filhos.
Umbelina era filha,
Do senhor Justino Monteiro,
Que morava no Taboado de Cima. .

Depois que eles casaram,
Tiveram como filhos:
Maria Marcelina de Macedo,
Conhecida como tia mocinha.
Casou com Barnabé Monteiro,
Suas famílias construíram,
Com amor e carinho,
No querido Taboado.

Manoel Severo de Macedo,
Casou com sua prima,
Nenzinha com muito amor.
E com muita coragem,
Foram morar em Sumé.
Lá criaram seus filhos,
Com união e fé.

Assim como seu irmão,
José Severo de Macedo.
Casou com emoção,
Com sua prima Alta.
Foram lutar em outra terra,
Na cidade de Sumé.
Com sabedoria de quem quer,
Alguma coisa na vida.

Hermínia de Macedo,
Casou com Sebastião Monteiro.
Junto com o seu marido,
Formaram sua família,
Em Juazeiro do Norte.
Tiveram seus filhos com alegria,
Felicidade e sorte.

Francisca Helena de Macedo,
Casou com o senhor Valdivino.
Tiveram muitos filhos,
Moravam no Taboado.

Batalharam um bom bocado,
Naquele lugar querido.

Senhorinha Maria da Conceição,
Casou com José Pereira.
E com emoção,
Enfrentaram muitas barreiras.
Viviam em Camalaú,
Outros filhos em Sumé.
E com muita fé,
Realizaram seus sonhos.

Izabel Maria das Dores,
Minha querida avó.
Que eu não cheguei a conhecê-la,
Era comparada as flores,
Por ser muito bela.
Casou com meu avô,
José Marinho de Oliveira,
Com alegria e amor.

Apolinário Francisco de Macedo,
Ficou morando no Taboado.
Casou com sua prima,
A senhora Joaquina.
E formaram juntos,
Sua maravilhosa família.

Felippa Maria da Conceição,
Com amor no coração,

E muita felicidade.
Foi morar na cidade,
De São José do Egito
Casou com seu amor querido,
José Braz, na verdade.

Anna Maria das Virgens,
Mulher muito religiosa.
Conhecida também,
Como Ana de Macedo.
Uma senhora de bem,
Catequista e professora.
Que sem estudo e giz,
Ensinava e alfabetizava,
E estava muito feliz.

Casou com idade avançada,
Com o senhor Firmino.
Não tiveram filhos,
Foram morar em Pitombeira,
Depois na cidade de Boqueirão.
Próximo da igreja,
Com alegria e devoção.

O seu irmão querido,
Severiano Severo de Macedo.
Que adorava a política,
Homem de muita estima.
Casou com dona Maria,
Depois com a dona Lipu.

Dos dois casamentos nasceram
Seis adoradas filhas.

O mais novo dos homens,
Era Faustino Júlio de Macedo.
Que casou com Maria Fernandes,
Foram morar no caminho novo.
Depois em Campina Grande,
Com alegria e esforço.

A filha mais nova,
Era Emília Francisca
do Espírito Santo.
Conhecida como tia Mila,
Ela se casou com o senhor.
Praxerdes que morava,
Na cidade de Cabaceiras.

Depois da morte,
Do senhor Sebastião.
Naquele querido torrão,
No ano de mil e novecentos
E dezoito na verdade.
E de sua esposa,
Em mil novecentos
E vinte e nove.
Com muita dor e tristeza.

Foram morar na residência,
Sua filha Isabel e família.

Ela mais seu esposo,
Criaram seus filhos.
Os mais velhos se casaram,
Suas famílias formaram,
E construíram suas vidas.

Lá ficou Sebastião,
O seu filho mais novo,
Com seus pais e irmãs.
Na localidade do Taboado.
Casou com sua prima Inácia,
Todos ficaram morando,
Naquela querida morada,
Que a todos abrigava.

Dessa linda união,
Nasceram onze filhos:
Severino, Inês e Luzia,
José, Geraldo e Socorro,
Antônio, João e Teresinha.
E Cecília a caçula.

4. MINHA VIDA NO SÍTIO

Quando eu morava no sítio,
Achava tudo bonito.
Brincava com tudo,
No terreiro da cozinha.
Com cabras e galinha,
Tudo era alegria.

Sentava na janela,
Ouvia músicas no rádio,
Olhando para as serras,
Lá embaixo o rio.
Que em épocas de cheias,
Ficava uma beleza,
Com muita água, cheiinho!

Morava em uma casa,
Antiga mais bela.
Mas que nos abrigava,
Do sol e da chuva.
Que às vezes era pintada,
De verde ou amarelo.
Mas o que era mais bonito,
Era quando ela ficava,
A nossa casa amarela.

Tinha um grande terreiro,
Para a gente varrer.
Com vassouras de malvas,
O com cheiroso alecrim.
Os terreiros do lado,
De trás e de frente.
Ficavam bem limpinho,
Até chegar na estrada.

O amanhecer naquela casa,
Tudo era alegria.
O sol clareava tudo,
Entrando pela janela.
Meu pai acordava cedo,
Para fazer suas obrigações.
Minha mãe ia fazer o café,
Antes rezava com fé,
Suas fortes orações.

Na noite de lua cheia,
A noite ficava um dia.
A gente sentava na calçada,
Ia olhar as estrelas,
Contar histórias,
Ou cantar lindas canções.

Ver no céu bem longe,
Os relâmpagos cortando tudo,
Como uma navalha.

Ouvir o som dos trovões fortes,
Fazendo barulho do outro lado,
A chuva a invernada.

Quando a chuva chegava,
Tudo era uma beleza.
Íamos ver as cheias,
De grutas e riachos.
Depois ir no roçado,
Para ver se dava para plantar,
E poder lucrar,
Comemorar um bocado.

Na época de São João,
Com fé e animação,
Fazia pamonha e canjica.
Ia para as novenas,
Na casa da minha avó.
Não tinha festa melhor,
Ver as fogueiras e fogos,
E todo aquele festejo.

E quando chegava,
Todo fim de ano.
Tinha sempre almoço,
Para juntar a família.
Vinham sempre todos,
Para comemorar com alegria.

5. MINHA MÃE

Mãe, és a flor mais formosa,
Alegria e luz.
O mundo de encantos,
Com felicidade e pranto.

Mãe eterna e meiga,
Loura ou morena.
Nos traz sonhos e esperança,
Uma beleza e tanta,
Paz e muita segurança.

Mãe mulher corajosa,
Que rir ou chora.
Neste mundo de Deus,
Protege os filhos seus,
Como heroínas e senhoras.

Mãe aquela que educa,
Os seus filhos nesta vida.
Atravessando trilhas,
Com amor e bravura.

Mãe soberana e verdadeira,
Bela como a natureza.
Neste segundo domingo,

Do mês de maio eu sinto,
Amor, alegria e riqueza.

Mãe dos versos que escrevo,
Minha querida Inácia.
Mulher ou eterna fada,
Que eu tanto amei e amo.

6. MINHA INFÂNCIA

A minha infância querida,
Foi um tempo tão lindo.
Agora o meu destino,
Mudou toda minha vida.

O tempo tão rápido passa,
Como um vento que leva.
Se eu pudesse eu voltava,
Os meus tempos de criança.

Naqueles tempos dourados,
Eu passeava no campo.
Ia alegre ao roçado,
Brincar com as espigas de milho.

Em épocas de São João,
Para as novenas do santo.
Ia na procissão,
Os seus hinos cantando.

Brincava com animais,
Com as poças de água.
Observava a chuva,
O céu, as flores demais,
Toda mãe natureza.

Escutava as histórias antigas,
Cantava lindas cantigas.
Vivia feliz naquele lugar,
Vivendo a sonhar,
Escrevendo poesia.

Minha infância foi ótima,
Tive tudo que uma criança precisa.
Fui amada por minha família.
Tive respeito e esperança,
Fui feliz como uma criança.

7. HISTÓRIA DE DEVOÇÃO DE SÃO JOÃO BATISTA

A imagem de São João,
Veio das bandas de Mossoró.
Do Rio grande do Norte,
No lombo de burros e cavalos.
Trazida pelo Senhor,
Manuel Xavier de Oliveira.
E toda sua família,
Com devoção e sorte.

Este senhor juntamente,
Com sua querida família.
Fizeram suas casas,
Com força de vontade,
Próximo das margens do rio.
Começaram fazer plantios,
De milho, feijão e mandioca,
Com fé e muita coragem.

Seu Manuel era casado,
Com dona Maria Rosa.
Mulher de estima e formosa,
E tinham como filhos:
Valdevino, Francisca,
João e outros filhos,
Meninos fortes e sadios

A chegada desta família,
Foi por volta de mil oitocentos.
Que saíram por causa da seca,
Que castigava aquele estado.
Aqui para sempre ficaram,
Suas famílias formaram,
Com dignidade e respeito.

Depois que seus filhos cresceram,
Construíram suas famílias.
Valdevino casou-se.
Francisca ficou no Taboado,
Casou com Firmino de Oliveira.
E João Marinho de Oliveira,
Casou com Rosa Monteiro.
Criaram seus filhos com trabalho,
Nessa boa redondeza.

João de Oliveira era;
Grande proprietário de terras,
Fazendeiro e tropeiro.
Tinha cortiço de mel,
Curtia couro, matava animal.
Levava as carnes,
Para vender em outras cidades,
Ou Trocava por mantimentos.

João e dona Rosa,
Tinham como filhos:

Isabel, José Marinho,
Severino e Maria Rosa,
Dionísia e Antônia,
Alta e Marinha a caçula.

Todos continuaram a rezar,
As novenas de São João.
Pediam para baixar,
As águas do Rio Paraíba,
Que em anos de inverno subiam.
Que Deus tivesse compaixão,
Para curar as doenças.
Faziam experiência,
Para as moças ter bom casamento.
Toda comunidade tinha devoção,
E para o santo rezava.
Faziam novenas e adivinhação,
Pedidos e fogos soltavam,
Cânticos, ladainha e leilão.

Colocava uma bandeira,
No primeiro dia de reza.
Permanência hasteada,
No mesmo lugar por três dias,
De oração e novenas.

Na residência do senhor João,
Foi celebrada a primeira missa.
No casamento de sua filha,

SAUDADE DA MINHA TERRA

Antonia e Sebastião.
No ano de mil novecentos
E vinte três, com alegria.

Os filhos de João e Rosa,
Seguiram seu destino.
José casou com sua prima,
Isabel adorada e querida.
Isabel com João Firmino,
Alta casou com José Severo.
Antônia com Sebastião Firmino,
Marinha com José Monteiro,
Conhecido como Tio Nezinho.
Rosa e Dionísia ficaram solteiras.

O caçula dos homens era:
Severino Marinho de Oliveira,
Que casou com sua prima,
Maria da Paz Monteiro.
Foram morar em Sumé,
E depois de alguns anos,
Voltaram com muita fé.

Vieram depois da doença,
De seu João de Oliveira,
No ano de trinta e oito.
E também devido,
Lampião e cangaceiros.
Que aterrorizava o velho cariri,

Sumé e outras cidades,
Causando muito medo.

O senhor Severino,
Junto com a Mariinha.
Criaram seus filhos:
Inácia e Maria,
Que em Sumé nasceram.
Margarida e João,
Tereza que era a mais nova.
Eram filho do Taboado,
E lá viveram e cresceram.

Depois da morte de sua mãe,
No ano de quarenta e um.
Ficaram morando na casa,
Seu Severino, a mulher,
Seus filhos e suas irmãs.

A casa grande era a capela,
Onde eles seguiam a tradição.
De rezar a novena,
Com devoção a São João.
Junto com toda comunidade,
Do Taboado de Baixo.
Que antes era dividido,
Em Calombinho e Caturité.

E no ano de setenta e quatro,
Seu Severino faleceu.

Naquela casa e terreno,
Ficaram morando, os seus filhos.
João, Margarida e Teresa.
Seguiam rezando as novenas,
Com fé no santo e em Deus.

Logo no primeiro dia,
Colocavam a bandeira.
Soltava fogos contentes,
Faziam flores para enfeitar,
O andor e o altar.
De noite vinha muita gente,
Que faziam daquelas novenas,
A festa daquele lugar.

As pessoas levavam,
Animais e comidas.
Que eram leiloados,
Depois da novena.
Faziam filas para beijar,
O altar do santo.
Com muita fé e cânticos,
Juntos iam festejar.

Depois da novena,
Nas noites de São João.
Que tinha dança e animação.
As pessoas iam alegres,
Para casa de Manoel Gomes,
Dançar feliz o forró,

Tocado com sanfona,
Zabumba e triângulo,
Não tinha festa melhor.

Mas no ano de noventa e seis,
Dona Mariinha adoeceu.
Tiveram que ir para rua de vez,
E sua terra vendeu.
E as novenas do santo,
Ficaram sendo realizadas.
Na casa de sua sobrinha,
A senhora Maria de Lourdes.

Está, continuo rezando,
Até a inauguração da igreja.
No ano de dois mil e quatro.
Hoje muitos festejam,
As festas de São João.
Felizes comemoram a mesma.
Com alegria e devoção,
E com força no peito,
Seguem os hinos cantando,
Viva São João Batista!

8. O CANGAÇO

O cangaço nordestino,
Que existiu a tempo atrás.
Fez velho jovem e menino,
Se assustarem demais.

O povo vivia com medo,
Da violência que era grande.
E o tempo inteiro,
Rezavam a todo instante.
Pedindo a Deus proteção,
Amor, paz entre os irmãos.

Os cangaceiros valentes,
Como famoso Antônio Silvino.
E também o Virgulino,
Aterrorizava aquela gente.
Nas terras do meu Nordeste,
Lugar de cabra da peste,
De seca e sofrimento.

No início do século vinte,
Os cangaceiros aumentavam.
Os coronéis reinavam,
Naquele querido torrão,
Do sertão ao Cariri.

CECÍLIA OLIVEIRA

Os cangaceiros lutavam,
Contra a chuva e a seca.
Andando na mata fechada,
No meio de espinhos e macambira.
E o sonho que sonhavam,
Ficava esquecido, perdido.
Mas desde meninos,
Viviam abandonados,
Na vida dura que levavam.

Trilhavam nas redondezas,
Contemplando a natureza.
Da terra boa que buscavam,
E o fim da escravidão.
Da dor e humilhação,
Que os coroneis realizavam.

Sabemos que muitos cangaceiros,
Na vida foram injustiçados.
Abandonados e maltratados,
Pela maldade daqueles.
Que viviam no poder,
Que não respeitavam os pobres,
Que só viviam a sofrer.

Muitos anos passaram,
Ainda tem muita injustiça.
Fome, violência e seca.
Aqueles que tiravam o pão,
Da boca dos inocentes.

SAUDADE DA MINHA TERRA

Ainda hoje infelizmente,
Tentam governar a nação.

Ainda tem violência,
E muita corrupção.
Que faz o nosso país,
Ter muitas coisas ruins.
Aumentam dores e doenças,
No nosso querido torrão.
Tem muitas pessoas famintas,
Iludidas, pela falsa política.

Para os pobres, marginalizados,
Não existe moradia e trabalho.
Nem uma vida digna,
Junto com sua família,
Vivem sendo maltratados.

Mas eles precisam ser,
Tratados como gente.
Terem paz e esperança,
Fé, trabalho e segurança,
Educação e saúde,
Paz, lazer e comida.

9. OS TROPEIROS

Os tropeiros nordestinos,
Fizeram o desenvolvimento,
da nossa querida região.
Levando o progresso,
E muitos alimentos,
Para a população.

O que eles produziam,
Levavam para outras cidades.
Algodão e carnes,
E outras variedades.
Chegando lá vendiam,
Trocavam e compravam.

Traziam açúcar e farinha,
E outros mantimentos.
Roupas e calçados.
E com muita alegria,
Voltava para suas casas.
E os velhos companheiros,
Da longa caminhada,
Mulas e burros.
Já estavam cansados,
Nessa longa jornada.

SAUDADE DA MINHA TERRA

Eles lutavam contra a seca,
E a quentura do sol.
Enfrentando muitas barreiras,
Lutando por uma vida melhor.
Lutavam por sua família,
Trazendo dinheiro e comida.

Passavam por muitas cidades,
Sítios e muitos Estados.
Trazendo e levando alimentos.
Assim fizeram o progresso,
De muitos lugares.
Com Trabalho e crescimento,
Para a população,
Do brejo ao sertão.

Muitos ficavam até doentes,
Por causa dessa dura vida.
Mas eram muito importantes,
Criando cidades e vilas.
Eram longos caminhos,
Que tinham que trilhar.
E as mulheres e filhos,
Sempre os esperavam,
Dessas longas viagens.

Eles foram pessoas,
Que com simplicidade.
Lutavam com força,

Com muita humildade.
Em prol do desenvolvimento,
Com seu trabalho árduo,
Fazendo crescer o país.
Para todos ficarem felizes,
Ter paz e desenvolvimento.

10. TRADIÇÕES E EXPERIÊNCIAS

Antigamente no Nordeste,
Seguia as tradições.
Que eram passadas,
De geração em geração.
A gente falava oxente,
Mas pedia benção aos pais.
E nunca era demais,
O respeito e a verdade,
A união e a concórdia.

O povo nordestino,
Tinha fé e esperança.
Quando olhava para o céu.
Sabia o que ia acontecer.
Pois desde meninos,
Os pais lhe ensinavam.
A respeitar a Deus,
E as coisas da natureza.

Para saber se tinha inverno,
Fazia algumas experiências.
Em dias santos do ano,
Como Santa Luzia e São José.
Se chovesse nesses dias,
Homem, menino e mulher.

Observava as nuvens,
Como era de costume,
Sempre com muita fé.

As barras de Natal,
Era bem observadas.
E no ano novo,
Bem cedinho no céu,
Todos ligeiro olhavam.
Para ver se tinha barras,
Que eram nuvens carregadas,
De chuva, sonho e riqueza.

Se deitava uma galinha,
Obedecia a natureza,
Seguindo as fases da lua.
A presença de alguns insetos,
Todos já descobriram,
Se tinha prejuízo ou lucro.

Em tempos de São João,
As pessoas cortavam lenha.
Ou algum tronco de madeira,
Para fazer a fogueira.
E no dia do santo,
Bem de manhãzinha.
As mulheres juntava as cinzas,
Jogava rodeando a casa.
Para ter paz e chuva,
E realizar seus sonhos.

É tradição no Nordeste,
No alegre mês de junho.
Comemorar os santos,
Santo Antônio e São João,
São Pedro alegremente.
Em todos os dias,
Tem festa, reza e fogueira.

As moças faziam adivinhações,
Da bacia, onde pegavam,
Alguns pedaços de carvões,
E colocavam na água.
Pensava em alguma pessoa,
Colocava dois pedaços,
Se os mesmos ficassem juntos,
Ia ter união,
Mas se algum afundasse,
Poderia até ter morte.

Na véspera do dia,
São João Batista.
As moças pegavam,
Uma flor que estava,
Enfeitando o santo,
No altar na novena.
Levava para casa,
Colocava debaixo do travesseiro,
Rezava a Salve rainha,
Pedindo para a mesma,
Mostra seu marido.

Assim os nordestinos,
Seguia as tradições.
Louvando aos santos,
Respeitando a natureza.
Porque desta vinha tudo,
Água, paz e riqueza.

11. OS AGRICULTORES

A alegria do agricultor,
É quando a chuva chega,
E molha todo chão.
Com fé e emoção,
O bom lavrador,
Com coragem planta.

Trabalha muito,
Depois quando a chuva cai.
E o seu futuro,
Só fica para trás.
Porque tudo que colhe,
Mal dá para se alimentar.

Mas infelizmente,
Eles não são valorizados.
Nem são ouvidos,
Pelos governantes.
Que dificilmente,
Se importam com os mesmos.

Muitos deles ainda,
Não tem onde trabalhar.
Tendo que se humilhar,
Pedindo terra ao patrão.

CECÍLIA OLIVEIRA

Depois da lavoura crescida,
Verdinha e bem bonita,
E com pouca colheita.
O dono da terra sem coração,
Coloca o gado dentro.

Temos que valorizar,
O grande agricultor.
Que tem muito valor,
que vive a batalhar.

Das suas calejadas mãos,
Saem o seu sustento.
São as pessoas do campo,
Que produzem o pão,
Que chega a todos brasileiros.

12. NO MEIO DAS HISTÓRIAS: TINHA UM RIO

12-I. Taboado de Cima

O Taboado de Cima,
Faz limite ao norte,
Com o sítio Ramada de Cima.
Ao leste com o sítio,
Riacho das folhas.
Já ao oeste,
Com o caminho Novo
E também as Barrocas.
Ao sul com o Taboado de Baixo,
Do outro lado do rio.

O Taboado de Cima,
Teve sua origem.
Por volta de mil oitocentos.
E a primeira família,
A chegar nessa localidade
Foi a de Bernard Monteiro.

Este, como os demais senhores,
Trazia sua família, escravos e animais.
Quando chegavam encontravam,
Muitas dificuldades.
Pois encontravam os índios cariris,

Que lutavam bravamente pelas terras,
E pela vida que viviam.

Assim que os índios foram expulsos.
O Senhor com sua tropa,
Começaram a desmatar tudo.
Empilhavam as madeiras ou tábuas,
Juntando as mesmas em um local,
Chamavam de tabuado,
Dando origem ao nome deste sítio.

Depois construíram suas casas,
Com madeiras e barro,
As conhecidas casas de taipas.
E nas mesmas viviam as famílias,
E também seus escravos,
Que não eram tratados diferentes.
Dos demais escravos daquela época,
Com humilhação e desprezo.

Além dessas famílias,
Vieram morar nesse sítio.
As famílias Barbosa, Juvino,
E também a Bernardino.
Que juntamente com a família Monteiro,
Se casaram e formaram novas famílias.

Estas famílias viviam,
Da agricultura de subsistência,

Pecuária, cortiço de mel,
E também a tecelagem.

12-II. Taboado de Baixo

A história do Taboado de Baixo,
Teve início por volta de mil oitocentos.
Com a chegada do senhor,
Manuel Xavier de Oliveira.
Que veio do Rio grande do Norte,
E junto com sua família.
Trouxeram São João Batista,
Para melhorar sua sorte.

Como sempre, em busca de água.
Pois quando a seca castigava,
Em qualquer lugar da região,
Muitas famílias saiam,
Para outras localidades.
A procura de água para matar a sede.
E a fome de animais e pessoas.

Chegando naquele sítio,
construíram suas casas.
Próximo do Rio Paraíba,
Onde fizeram seus currais de gado.

As primeiras residências construídas:
Foram a de Manoel de Oliveira,

Lúcio Tavares, Manoel Galdino,
José Sinhozinho pai de Sebastião Macêdo,
Francisco Gomes, Justino de Sousa,
Domício Gonçalves e Sebastião Macêdo.

Estas famílias trabalhavam,
Na agricultura, nas olarias,
Marcenarias, curtiram couro,
Tinham cortiço de mel,
Pescavam e caçavam.

Trabalhavam com tecelagem,
Tingiam os fios para tecer,
com algumas plantas existentes.
Urdiam e teciam suas redes,
Com teares bufetes.

Alguns tinham grandes currais de gado,
Como os senhores;
Francisco Gomes e João de Oliveira.
Eles matavam seus animais,
Levavam a carne para vender.
Em outras localidades.

Também curtiam couro,
Plantavam mandioca.
Faziam farinha e beiju.
E esses produtos,
juntamente com a carne,

Eram levados para outros lugares.
Por essas pessoas,
Que eram chamados de tropeiros.
Vendiam e trocavam,
Por outros mantimentos.

No início do Taboado de Baixo,
Tinha dois nomes,
Calumbinho e Caturité
Mas devido alguns problemas,
Com as correspondências que chegavam.
Tiveram que mudar os nomes,
Para facilitar a vida,
Das pessoas da localidade.

A palavra Taboado era para ser escrito,
Como Tabuado porque vem de tábua.
Mas como o nome sempre foi escrito,
Com a letra o Taboado,
Continua ainda hoje,
Sendo escrita dessa forma.

O Taboado de Baixo,
Faz divisa ao leste com Vereda Grande.
Ao oeste com Caiçarinha e Alagamar,
Ao sul com o Sítio Gonçalo,
E ao norte com o Taboado de Cima.
Onde os dois Taboados são separados,
Pelo grande Rio Paraíba.

Antes as pessoas iam para outras,
Localidades mais próximas,
A pé ou de animais.
Quando o rio estava cheio,
Alguns mais corajosos,
Atravessavam nadando,
Outros em canoas.

Casamento de Sebastião Marinho e Inácia em novembro de 1947

13. MEUS PAIS

Sebastião Marinho de Oliveira,
Homem de grande valor.
Na terra nordestina,
Um bravo lutador.
Trabalhou com a enxada,
Enfrentou tanta batalha,
Era um grande agricultor.

Herdou dos seus pais,
Valores e honestidade,
Sabedoria e amor.
Foi um grande trabalhador,
Nesta terra lutou demais.
Boqueirão foi o seu torrão,
Taboado muito mais.

Inácia sua esposa,
Que lutou por sua família.
Sábia e conselheira,
Compreensiva e companheira,
Cuidou de todos com alegria.

Ela era exemplo,
Para muitas mulheres.
Venceu muitas dificuldades.

SAUDADE DA MINHA TERRA

Teve muitos sonhos,
Como de ser professora.
Mas tornou-se rezadeira,
Nas novenas, desde pequena,
Rezando até em latim,
Mesmo sem ter muito estudo.

Sebastião foi amigo,
Que cresceu dentro da roça.
Simples homem do campo,
Batalhou muito na vida.
Foi tropeiro, tecelão,
Comerciante e irmão.
Sofreu acidentes e injustiça,
Pelo bem de sua família.

Meus pais foram bons,
Me deram educação e carinho.
Fizeram todos felizes,
Os onze queridos filhos.
Nos ensinaram bons caminhos.
A sermos honestos e humildes,
Pacificadores e simples,
Lutaram por nosso destino.

Eles nos ensinaram,
Tudo de bom nesta vida.
Nos incentivaram para os estudos,
Nos deram amor e comida,

CECÍLIA OLIVEIRA

Contaram muitas histórias.
Souberam com orgulho,
Zelar por sua família.

Eles já partiram,
Para perto do nosso pai.
Nossa dor foi demais,
Mas a sua missão foi cumprida.
Foram muito religiosos
E muito valiosos
Por toda f

14. A VIDA NO CAMPO DE ANTIGAMENTE

Lá no campo é que era vida,
A gente acordava cedo.
Com muita alegria,
Cuidava das coisas ligeiro.

O homem ia para lida,
Cuidar dos animais.
Tirar o leite das vacas,
Depois trazia para casa,
Para Maria fazer o café.
Que já estava no terreiro,
Varrendo o mesmo...

Depois cuidava do café,
Fazia um cuscuz gostoso.
Para todos comerem com leite.
O marido mais os filhos,
Ia para a roça trabalhar.
Depois mais tarde almoçar,
E voltava para terminar,
O serviço no roçado.

E Maria mais as meninas,
Ficavam cuidando da casa,
E também dos animais.
Depois fazer o almoço,

Para todos almoçar.
Os menores iam brincar,
Os mais velhos trabalhar,
E terminar seu serviço.

A tardinha ao escurecer,
O pai chegava com os filhos.
Trazendo alguns animais.
As meninas já tinham,
Pegado a lenha e a água,
Para fazer a janta.
Com a chegada do anoitecer,
Todos ficavam juntos,
Para fazer a oração,
Das seis horas, antes da ceia.

Depois todos jantavam,
Os pais conversavam,
E contavam histórias.
Da família ou de assombração.
Mas aquele momento,
Tão belo de carinho,
E de plena união,
Ficava no coração.

Depois todos iam dormir,
Pediam a benção aos pais.
Tudo era bom demais,
Deitavam na rede ou cama,
Depois adormeceram...

E no novo amanhecer,
Eles alegres acordavam,
Para outra batalha vencer.

Em épocas de escolas,
Era um pouco diferente.
Mas quando chegavam,
Iam ajudar seus pais.
No trabalho doméstico,
No trabalho na roça.
No cuidado com os animais,
Pais e filhos sempre estavam.

Na chegada do inverno,
Tudo era alegria.
O trovão faz barulho,
O relâmpago assustava.
A água rolava no chão,
Grutas e riachos davam cheias.
Os sapos e grilos cantavam,
E com muita emoção,
Os agricultores festejavam.

Se a seca é tristeza,
A chuva é alegria.
Uma trás fome e dores,
A outra fartura e comida.
Uma com seus horrores,
A outra é só maravilhas

15. AS PROFESSORAS DO CAMPO

As professoras de antigamente,
Enfrentavam muitas barreiras.
Não tinham quase estudo,
Mas tinham força de vontade.
Amor e compromisso,
Para enfrentar qualquer batalha.

Trabalhavam no campo,
Junto com os irmãos e pais.
Andavam léguas a pé,
Para conseguir conhecimento.
Com muita força e paz,
Coragem e muita fé.

Assim que conseguia,
Alguma leitura e escrita.
Entrava na igreja,
Para ser catequista.
Depois era convidada,
Por uma autoridade,
Da sua cidade,
Para ser professora.
Depois era contratada,
E sua carteira assinada.

O seu salário era pouco,
Vivia no sufoco.
Passando até necessidade,
A sala estava cheia.
Crianças de todo tamanho,
Da sua localidade.

No início dava aulas em casas,
Dela ou de outras pessoas.
Depois com a chegada das escolas,
Era quase a mesma coisa.

Com algum tempo de trabalho,
Arrumava-se para casar.
Construía uma família,
Tinha muito que lutar.
Era preciso mais estudo,
Mas era muita agonia,
Pois tinha filhos para criar.

Depois da chegada da merenda,
Não era só professora.
Tinha que ser merendeira,
Carregava água na cabeça.
Fazia um fogão de pedras,
Com lenha que encontrava,
Para cozinhar a merenda.

Não tinha quase material,
Os recursos eram poucos.

CECÍLIA OLIVEIRA

Tinha algumas cartilhas,
E pouca formação.
Mas o que sabia na vida,
Ensinava aos alunos,
Futuros cidadãos.

As crianças levavam,
Seus lápis e cadernos,
Em uma bolsinha de plástico.
Mas quem quer aprender,
E um dia crescer,
Precisa ter força de vontade,
Para um dia vencer.

A professora tinha que organizar,
As festas escolares.
E com muito orgulho,
As crianças participavam.
Ensaiavam para apresentar,
E com muita felicidade.
Todos se alegravam,
Naquele querido lugar.

Quando morava distante,
Tinha que vir a pé,
Em burros ou cavalos.
Enfrentando sol e chuva.
Caminhos longos e lama.
Mas a necessidade,

Fazia atravessar rios,
Com muita água bem cheio,
Tinha amor e coragem...

Algumas usava palmatória,
Para castigar os alunos.
Que sofriam um bocado,
Dentro da escola.
Com o método tradicional,
Que causava muito medo.
Muitas crianças desistiam,
Fugiam e se escondiam,
Para não assistir aulas.

Elas tinham pouco estudo.
Que muitas vezes,
Faziam alguns absurdos.
E muita gente,
Não gostava do seu trabalho.

Dedico este poema,
A todas as educadoras,
Que lecionaram no campo.
E aquelas que ainda lutam,
Por nossa educação,
E pela nossa nação.

A minha tia Ana,
Que além de catequista,

Também alfabetizava.
E muitos aprendiam,
No livros que eram usados,
Para fazer rezas e orações,
Na casa do meu bisavô.

A grande saudosa,
Lili da Ramada,
Dona Luzia Banqueiro,
Lia Cordeiro e Novinha.
E minhas irmãs e primas.

Foi das mãos das educadoras,
Que crianças foram alfabetizadas.
Estas professoras lutaram,
Por nossa educação.
Para os filhos dos cidadãos,
Terem estudo e sabedoria.

Elas fizeram a nossa história,
Com esforço todo santo dia.
Com fé trabalharam,
Recebendo um baixo salário,
Com pouco reconhecimento.
Levando o conhecimento,
Para muitas localidades.
Campo, vilas e cidades,
Devem sempre aplaudi-la,
E agradecer as educadoras.

16. MINHAS BRINCADEIRAS

Quando eu era criança,
Brincava com tudo.
Com os sabugos de milho,
Com eles fazia bonecas.
Brincava com pedras,
Que eram o gado.

Com os frutos da catingueira,
Fazia minhas cabrinhas.
Com os frutos do pé de pereiro,
Minhas queridas galinhas.
E assim minha criatividade,
De criar novos brinquedos.
Me dava liberdade,
De sonhar sem medo.

Tudo era brincadeira,
E na minha fantasia.
As coisas mais simples.
Como pilhas de rádio,
Canudos de fio,
Se tornaram bonecos.
Mesmo olhando,
Para as bonecas de verdade,
Brincava com o que eu via,
Criava e imaginava.

Em épocas de chuva,
Os gravetos de pau,
Virava bonecos.
E nas poças de água,
Muito nadavam,
Como as jangadas,
Que no mar navegam.

Fazia as festas de casamento,
Das nossas queridas bonecas.
E suas casas bonitas,
Eram enfeitadas com flores,
Dos pés de turcos.
Que eram bem naturais,
Tinha beleza demais,
E eram cheiro de amores.

Tinha brincadeira de grilos,
De roda e amarelinha.
De campo de futebol,
De castelos de areia,
Feito no Rio Paraíba,
Depois a água levava.

De tardezinha tinha música,
No terreiro da cozinha.
No meio de animais,
Todos escutavam.

E no começo da noite,
Era hora de ouvir histórias.
De entrar no mundo,
Da boa imaginação.
Com felicidade e alegria,
E amor no coração.

Tudo era criatividade,
Brincadeiras eram criadas.
E quando ia para o roçado,
Naquela simplicidade,
Brincava com as bonecas,
Que ainda estava nas espigas.
Ia fazer tranças nos cabelos,
E depois de arrumadas,
Iam ser quebradas.

Fui uma criança feliz,
Tive medos e sonhos.
E o primeiro conto,
Que ainda pequena escrevi.
Imaginei um novo mundo,
Com muita criatividade.
Esperança e bondade,
Com muitos sonhos.

17. O MEU BERÇO

O berço de onde vim,
Tinha amor e carinho.
Meus pais enfim,
Nos orientava nos caminhos.

A família que fui criada,
Vivia na simplicidade.
Mas tinha felicidade,
Naquela nossa morada.

O berço de onde vim,
Tinha muita esperança.
Existia em mim,
Paz e segurança.

Os pais que me geraram,
Não tinha muita condição.
Mas o pouco que eles tinham,
Dividia com os filhos o pão...

O Berço de onde vim,
Tinha um pai bondoso.
Uma mãe carinhosa sempre,
Um lar de amor e respeito.

No lugar de bons brinquedos,
Ganhamos carinho.
Não tinha muito dinheiro,
Mas recebíamos bons conselhos.

Do berço de onde vim,
Os meus pais trabalhavam.
Enfrentavam seca ruim,
Mas sempre nos alimentava.

Meus pais eram conselheiros,
De pessoas que precisavam.
De ajuda e ensinamentos,
Eles sempre ajudaram.
As mesmas com suas famílias,
Para suas casas ter harmonia.

Do berço de onde vim,
A gente se reunia.
E na mais bela união,
Sentávamos na calçada.
Nossos pais contavam histórias,
Cantavam lindas canções,
De juazeiro e românticas.

18. HISTÓRIA DA EDUCAÇÃO DO CAMPO

No início do século passado,
Nas comunidades do campo.
O ensino era feito,
Por algumas catequistas.
Ou por algumas pessoas,
Que eram pelos pais pagas,
Para ensinar as crianças.

Crianças como minha mãe,
Que sempre aprendia,
E cantava a tabuada,
Com sua melodia.
Um e um, dois
Um e dois, três
Um e três, quatro
Um e quatro, cinco
Um e cinco, seis
Um e seis, sete
Um e sete, oito.

Um e oito, nove
Noves fora zero
Um e nove, dez
Noves fora um
Um e dez, onze
Noves fora dois

Um e onze, doze
Noves fora três
Um e doze, treze
Noves fora quatro
Um e treze, quatorze
Noves fora cinco
Um e quatorze, quinze
Noves fora seis
Um e quinze, dezesseis
Noves fora sete
Um e dezesseis, dezessete
Noves fora oito
Um e dezessete, dezoito
Noves fora nove.

No início do século vinte,
Alguns grandes educadores.
Lutavam em prol da educação.
Que fosse gratuita e pública.
E que os irmãos,
Que também viviam no campo,
Tivessem o mesmo direito,
Dos outros brasileiros.

E a partir da década de quarenta,
Começou a funcionar,
No nosso querido lugar.
As primeiras escolas.
Eram nas casas das próprias,
Professoras ou de pessoas,

Que viviam na comunidade.
Que por solidariedade,
Sempre apoiava as mesmas.

Começaram a serem contratadas,
As primeiras professoras.
Aqui no nosso município,
Uma delas foi a conhecida,
Lili da Ramada,
Ou Maria das Neves.
Elas faziam um curso,
Depois eram contratadas.
E começavam a ensinar,
Com muita felicidade.

E no final das décadas,
De Sessenta e setenta.
Começaram a serem construídas,
As primeiras escolas públicas,
Que eram chamadas,
De grupos escolares.
Construídas em muitos lugares.

Nestas escolas não tinham,
Quase recursos e materiais.
Com a chegada da merenda,
A Professora fazia tudo.
O fogão era feito com pedras,
Os pais tinham que ajudar,

Para carregar água e lenha,
E emprestar as panelas,
Para poder cozinhar.

Foi no Grupo Escolar,
Domício Gonçalves Carneiro,
Onde li minhas primeiras lições.
E como não devemos deixar,
Os nossos sonhos de lado.
Com criatividade e emoções,
Foi lá onde escrevi minhas histórias,
Que até hoje teimo em escrevê-las,
Em forma de conto e poesia.

19. TABOADO TERRA AMADA

Taboado representa,
Minha terra amada.
Meu querido lar,
Que por Deus é abençoada,
Lugar bom de morar.

Taboado, Taboado.
Terra que me viu crescer.
Meu berço querido,
Eu amo você.

Sua fauna e flora,
Devemos então preservar.
E a nossa história,
Devemos sempre lembrar.
Da nossa terra querida,
Que nos fez sonhar.

Taboado, Taboado.
Jamais vou te esquecer.
Quem sabe um dia eu volto,
Para ver o sol nascer.

Quero ver o teu luar,
Por trás daquela serra.
E o Rio Paraíba,

SAUDADE DA MINHA TERRA

Tomar banho e nadar.
Comer pamonha e canjica.
Rezar novenas dos santos,
Com muita fé nos mesmos,
Para ter sorte na vida.

Taboado, Taboado.
Sou tua filha querida.
É minha terra meu mundo
É toda minha vida.

Taboado, Taboado.
Lembro-me das professoras,
Das festas e do roçado.
Daquela vida boa,
Que ficou no pensamento.

20. BENZEDEIRAS E PARTEIRAS

Na comunidade do Taboado,
Teve pessoas importantes.
Foram as benzedeiras,
Como também as parteiras.
Os curandeiros que através da fé,
Faziam suas rezas,
Benzendo sempre com plantas,
Homens, crianças e mulheres.

As parteiras enfrentavam,
Muita dor e agonia.
Tinha que ajudar,
As mães terem seus filhos.
Tinham muito que rezar,
Para dar tudo certo.

As benzedeiras rezavam,
Muitas orações rápidas.
Contra ventre caído, olhado.
Quando as mulheres davam à luz,
Que tinham hemorragias.
Com fé em Jesus,
Um rezador ou rezadeira,
Rezava a oração ligeiro.
Tomando sangue por palavras,
A mulher ficava boa rápido.

As parteiras andavam a pé,
Ou em alguns animais.
Atravessavam o rio com fé,
Pensando na pobre mulher,
Que estava sofrendo demais.

E com esse sofrimento,
Muitas delas não conseguia,
Esperar por muito tempo.
E terminaram morrendo.
Quando não era com a mesma,
Essa terrível tristeza,
Eram os seus pequenos filhos.
Que também morriam.

Os benzedeiros e benzedeiras,
Também chamadas de rezadores.
Rezavam contra muitas doenças,
Eram os médicos daquela localidade.
Que muitos precisavam do seu trabalho,
Para serem curados de dores.
E outras enfermidades,
Que atacavam o seu corpo.

Quando as doenças eram graves,
Muitos perdiam a vida.
Porque tudo era difícil,
Os hospitais eram longe,
Ficavam sem saída,
O tratamento era tardio.

A primeira parteira,
Foi Inácia Gomes.
Que foi tão corajosa,
Para fazer esse trabalho.

A outra foi Maria Oliveira,
Conhecida também,
Como Mariinha de tio Nezinho.
Esta era amorosa e cuidadosa,
Ajudou muitas mulheres,
Trazerem seus filhos ao mundo.

Quando uma pessoa era picada,
Por uma cobra peçonhenta.
Procuravam um curandeiro,
Que faziam o remédio ligeiro.

O curandeiro levava,
Uma bacia com água.
Até o local onde a cobra,
Tinha picado a pessoa.

Raspava um pouco a terra,
Onde estava a cobra.
Rezava uma oração,
Dava o remédio para o doente.
Da picada da serpente,
Beber com muita fé.
O homem ou mulher,
Logo ficaram curados.

O curandeiro recomendava,
Ter alguns cuidados.
Ficar trancado em um quarto,
Por quarenta dias.
Eles também faziam remédio,
Para picadas de insetos,
E rezava contra doenças.

As parteiras no seu trabalho,
Esquentava a água.
Colocava em uma bacia limpa,
Realizavam alguns métodos.
Para as mães terem seus filhos,
Com muito amor e carinho,
E muita devoção aos santos.
Nossa Senhora e Santo Antônio,
As crianças vinham ao mundo.

Depois que a criança nascia,
Dava um nó no umbigo.
E cortava o mesmo,
Com uma tesoura limpa.
As mulheres ficavam com meias,
E lenço na cabeça,
No quarto de repouso,
Só tomava banho morno.

Depois as outras mulheres,
Mataram galinhas gordas.
Faziam um gostoso pirão,

E com força e fé.
As resguardadas comiam,
E com Deus no coração.
Logo se recuperaram,
Com poucos dias.

Alguns dos rezadores eram:
Manuel Ambrósio, Severino Gonçalves,
Manuel Ageu e Maria de Lourdes,
Faustina de Julho e Dona Rosa,
Manuel Domício e outras Pessoas,
Como Geraldo Marinho.
Que com fé e cuidado,
Sempre ajudavam aquele povo.

Assim essas pessoas,
Fizeram seus trabalhos.
Não puderam salvar muitas vidas,
Pois não tinham outros conhecimentos.
Que ajudassem os mesmos,
Nos dois Taboados.

Mas o pouco que sabiam,
Colocavam em prática.
Muitas vezes sem ganhar nada,
Mas tinha muita dedicação,
E amor pelo irmão.

Apareciam doenças,
Muito forte naquele tempo.

Não tinha vacinas,
Só poucos medicamentos.
Para combater as mesmas,
E diminuir as mortes,
E muitas dores,
Daquelas queridas pessoas.

21. HISTÓRIA DA TECELAGEM

Essa atividade,
Herdamos dos índios.
Que fabricavam suas redes,
Com muita criatividade,
E dedicação eu não minto.

E assim as pessoas,
Começaram a fabricar.
As suas redes que usavam,
Pegando os produtos da natureza.
Começaram a trabalhar,
As plantas lhes deram tudo.

Plantavam o algodão,
Para fazer os fios.
E de outras plantas,
Faziam as tintas.
Com o trabalho de suas mãos,
Faziam o seu produto.

Com o grande trabalho,
Dos tropeiros da localidade.
Que faziam viagens,
Para outros lugares.
Trazendo novas técnicas,

Para ajudar no desenvolvimento,
Com recursos e novas práticas.

Assim com trabalho manual,
Da tecelagem de redes.
Começaram a trabalhar,
Com o tear bufete.
Depois com o tear de espulas,
E outras melhorias,
Que aparecia na comunidade.

Para poder tecer suas redes,
E também cobertores.
Urdia na urdideira os fios.
Enchiam as espulas,
E com muita alegria,
Faziam o seu trabalho.

Depois com o material urdido,
E com as espulas cheias.
Eram levadas para os teares,
Para tecer as redes,
Mantas e cobertores.

Hoje com os avanços,
Da grande tecnologia.
Já existe tear elétrico,
E outras melhorias
Para aumentar a produção,
A venda do que é produzido.

Tem produção de tapetes,
Pequenos e grandes,
De bucha e de tiras,
De bolsas e até roupas.
São muitas criatividades.
Tem trabalho todo dia,
Para todas as pessoas.

Esse material é levado,
Para outros lugares.
Cidades e estados,
Tem comerciantes.
Que compram e vendem,
Esses bons produtos.
Aumentando o trabalho,
Pois os tecelões merecem.

Mas quando o comércio está ruim,
A tecelagem também cai.
Muitos ficam enfim,
Sem material e dinheiro.
O desenvolvimento fica para trás.
O tecelão precisa demais,
De conhecimento e incentivo,
Para não ficar desempregado.

22. PRA MINHA TERRA QUERO VOLTAR

Ó forte vento de chuva,
Faça que eu volte ao sertão.
Que eu possa pisar no chão,
Andar por aquela estrada.
Sujar os pés de lama,
Ver na terra nascer grama,
Trabalhar com força.
Até criar calos nas mãos.

Me leve para ver,
As lindas flores do campo.
O cheiro gostoso do mato,
O sol lindo a nascer.
Ver a chuva caindo,
O solo todo encharcado
O povo feliz plantando.

Quero lavar o meu rosto,
Beber água pura do riacho.
Quero sentir o gosto,
Do feijão verde no prato.
Cozinhar galinhas gordas,
Na panela de barro.
Fazer pirão e buchada,
Comer farofa e queijo.

Saudade me leve agora,
Para as bandas do cariri.
Plantar milho na roça,
Cultivar e enfim.
Limpar e cortar,
E no ralo ralar,
Pôr as mãos na massa.
Coar na arupemba,
Colocar leite e açúcar,
Fazer gostosas pamonhas.

Depois com o restante da massa,
Peneirar bem na peneira.
Colocar os ingredientes,
Que coloca na comida.
E com a colher de pau,
Mexer o gostoso mingau,
Até virar canjica.

Pegar as espigas de milho,
Assar as mesmas na fogueira.
E depois cortá-las,
Cozinhar na panela.
Aquele gostoso milho,
Que nunca pode faltar.

23. NORDESTINA COM ORGULHO

Sou nordestina sim,
Disso tenho muito orgulho.
Tenho em mim,
O sangue paraibano.
Os sonhos de nordestina,
E a dura sina,
De viver sempre lutando.

Sou uma nordestina,
Que andou léguas a pé.
Que rezou com muita fé,
Pedindo a proteção divina.

Me criei no mato,
Tomei banho de rio.
Peguei água de cacimbas,
Em grutas e riachos.
Sempre escrevi rimas,
Sobre a vida nordestina,
E deste querido solo.

Ser uma nordestina,
Tem que acordar cedo.
Enfrentar os medos,
Que aparecer na vida.
Tem que ser batalhadora,

Sempre lutadora,
Resolvendo os problemas.

Ver o clarão do relâmpago,
Clareando toda noite.
O trovão bem forte,
Fazendo muito barulho.
É ver a chuva caindo,
A natureza se transformando,
Trazendo um bom futuro.

Pegar vassoura de alecrim,
Varrer os terreiros todos.
Sentir o cheiro do jasmim,
Perfumando tudo.
Escutar o galo cantando,
O sol forte iluminando,
O dia e o mundo.

É bater os panos nas pedras,
Cantar lindas canções.
Ver o sol entrando na janela,
Com amor e emoção.
Ver os animais engordando,
Os filhotes nascendo,
Nas terras do meu sertão.

Ter a esperança nos olhos,
A mente iluminada.

Não desistir dos sonhos,
Ver a noite enluarada.
As coisas acontecendo,
O mundo se desenvolvendo,
Trazendo uma nova vida.

Buscar a verdade,
Pisar no chão molhado.
É ter felicidade,
Neste lugar imenso.
Não se iludir com mentiras,
Ver que a vida é linda,
Quando tem apreço e carinho.

Sou nordestina sim,
Esta é a minha sina.
A poesia está em mim,
Os versos estão nas veias.
Piso nesse chão,
No solo do meu sertão,
Com sinceridade e beleza.

24. O NORDESTE É BRASILEIRO

O Brasil é nossa terra,
Do céu lindo e azul.
Do norte ao sul,
Tem uma natureza bela.
É dono do verde imenso,
Com matas e muitos rios.

Precisa matar a sede,
Do povo nordestino.
Da injustiça social,
Ter mais igualdade.
Entre seus povos,
Com amor fraternal.

Mais terra para trabalhar,
Mais água para consumir.
Mais mãos para lutar,
Por nosso povo daqui.
Menos corrupção,
Que envergonha a nação,
Destruindo o país.

Ó berço esplêndido!
Dos seus brasileiros.
Olhe para os nordestinos,
Que são também seus filhos.

Que lutam para sobreviver,
Que merecem ter,
Mais oportunidade para viver.

Não adianta separar,
O Nordeste do Brasil.
Todos são importantes,
E tem beleza mil.
Se cada região ficar,
separada do país.
Só vai enfraquecê,
Não adianta eu e você,
Ter preconceito e destruir.

Nós dependemos um do outro,
Disso temos certeza.
Devemos pensar no futuro,
E na sua riqueza
É preciso dar as mãos,
E com muita união,
Lutar pelo Nordeste.
Que é muito importante,
Que é nosso torrão.

No Nordeste e no Brasil,
Tem muitas coisas que entristece.
Na nossa pátria varonil,
A vergonha da politicagem,
Que é uma triste imagem,
Da indústria da seca.

Se as pessoas quiserem água,
Tem que viver a se humilhar,
A quem só quer maltratar.

As pessoas vendem seu voto,
Para ter água e trabalho.
Isso mostra o fracasso,
Que vive nossa nação.
É preciso escolas públicas,
Boas Universidades.
Melhorar a aprendizagem,
Precisamos de educação!

Brasil do cruzeiro do sul,
Brasil da América do sul.
Brasil do carnaval,
Brasil, não pode viver mal?
Brasil do futebol,
Das praias e do sol,
Brasil do meu coração.
De cidadã e cidadãos.

Brasil do meu Nordeste,
Lugar de cabra da peste.
Da viola e do repente,
Da mais linda poesia.
Da minha amada Paraíba,
Da sua cultura e sua gente.

SAUDADE DA MINHA TERRA

Nordeste tu és brasileiro,
Mesmo que muitos não queiram.
Nossa vida é brasileira,
Nossa terra é formosa.
Não podemos mentir,
O Brasil é o país.
O Nordeste a região,
Que vive no coração,
Que nos faz feliz.

25. AÇUDE EPITÁCIO PESSOA

O açude Epitácio Pessoa,
É um grande manancial.
Traz água para as pessoas,
Vindas das mãos de Deus.
É água que vem para todos,
Trazendo riqueza e fartura,
Melhorando a agricultura,
O desenvolvimento de municípios.

Para poder construí-lo,
Foram muitos anos de pesquisa.
De trabalho e lutas,
Até chegar ao seu término.
Era as pessoas que sonhavam,
Profissionais que trabalhavam,
Para ver o açude.
Trazer água para o povo,
Ter um mundo bom e novo,
Com paz e muita sorte.

Com a inauguração deste açude,
No dia onze de janeiro.
No ano de cinquenta e sete,
Deixou os caririzeiros,
Felizes e muito alegres.

Com a vinda do presidente,
O Juscelino Kubitschek.

Depois da inauguração do mesmo,
Boqueirão passou a cidade.
Que antes era distrito,
Da querida Cabaceiras.
E no dia trinta de abril,
No ano de cinquenta e nove.
A nossa terra amada,
Passou a ser município.

O fundador da nossa cidade,
Foi Antonio de Oliveira Ledo.
Que veio do estado da Bahia,
E construiu seu curral de gado,
Junto com trabalhadores e família.
E aos poucos começaram,
A construir este lugar.
Com luta e trabalho.

Depois da inauguração,
Desse grande açude.
Muitas cheias foram registradas,
As pessoas tinham medo,
De ter algum problema no mesmo.
Mais só eram boatos,
Que surgiam na cidade,
Assustando os boquerãoenses.

E por ser a segunda Bacia,
Hidrográfica paraibana.
Tinha uma grande capacidade,
Abastecendo muitas cidades.
Ia matando a sede,
Da população e dos bichos.

Em anos de inverno,
Era muita alegria.
Todos esperando ansiosos,
Pela sua sangria.
E quando isso acontecia,
Todos vinham olhar,
Felizes, para festejar.
Porque não ia mais ter seca.
Iam tomar banho na água,
Do açude e do rio.

Quando sangrava era felicidade,
As pessoas iam ver a sangria.
Aos poucos ia subindo,
E passava pela fita.
As águas lentamente,
Enchia o grande açude.
E os dois rios queridos,
Que abastecia o mesmo.

Vinha gente de longe,
Para ver aquele cenário,

Com muita esperança,
De ter alimento e peixes,
Água, fartura e trabalho.

Na década de oitenta,
Houve muita chuva.
Mas nos anos noventa,
O inverno ficou pouco.

O solo ficou seco.
E em noventa e nove,
Foi preciso acabar,
Com o trabalho e a irrigação.
Pois o nosso açude,
Ficou com pouca água.
Só aumentando a mágoa,
De quem vive nesse chão,
Quem vive a lutar.

E nos anos de dois mil,
A chuva começou a voltar.
E o sonho que era difícil,
Ficou mais fácil de se realizar.

Em dois mil e quatro,
Bem no mês de janeiro.
O inverno não deu trégua,
Choveu muito forte,
Em todo cariri.

E todas as cidades,
Era água em abundância,
Deixando a população feliz.

Essa cheia deste ano,
Foi uma das maiores.
Os rios todos cheios.
O Taperoá e Paraíba,
Colocaram cheias grandes,
Enchendo toda Bacia.
E o nosso querido açude,
Ficou lindo cheio de água.

Mas a seca que entristece,
Voltou a atormentar o Nordeste.
Castigando as pessoas,
Bichos e natureza.
Trazendo dores e fome,
Um mundo tristonho,
Que acaba com o trabalhador.
Que já vive abandonado,
Mas que é um lutador.

E a estiagem começou,
Bem em dois mil e doze.
E só continuou,
Trazendo tristeza e morte.
Cada vez crescendo.
Em dois mil e dezessete,
O grande Epitácio Pessoa,

Agonizava em lamas,
Com menos de três por cento,
Tudo se acabava.

Acabou a irrigação,
Começou o racionamento.
E nada de água, só dor,
Era um triste tormento.
E no nosso torrão,
O sofrimento da população,
Já virava um horror.

Com seus sessenta anos,
Não tinha o que comemorar.
água vinha do volume morto,
Para as pessoas usarem.
E os seus anos de glórias,
Após dezoito sangrias.
De trabalho e fartura,
Ele agonizava,
Com aquela lama fria.

Animais iam morrendo,
A água estava cada vez pior.
A vida dos seres humanos,
Como de alguns bichos,
Ficava ameaçada.
Era uma triste batalha,
Cada dia mais difícil.

Os governantes fazem projetos.
Que ficam engavetado e esquecidos,
Gastando milhões sem chegar ao povo.
As pessoas vivem a se humilhar,
Passando fome e sede.
E os projetos bem guardados,
Enquanto a população padece,
Passando muita agonia,
Sem água para beber.

E a prática terrível,
Da indústria da seca,
Sempre aumentando.
Só tem água quem vota,
Ou quem é de tal partido,
Que comanda o lugar.
E assim vive a comprar,
O voto das pessoas,
Até pela uma gota de água,
Que Deus manda para todos.

Mas com o começo do trabalho,
Do canal da transposição.
Trazendo água do São Francisco,
Para nosso Boqueirão.
Começando em Pernambuco,
E depois para Monteiro.
Seguindo pelo Rio Paraíba,
Indo para outras Bacias,
São José e Poções.

Depois para Camalaú,
E vindo até o boqueirão.
Que estava com um triste futuro,
Com mais de um milhão.
De pessoas e animais,
Em dezoito municípios.
Entre cidades e sítios,
Padecendo demais,
Sem água e sem trabalho.

Em dois mil e dezessete,
Depois de muito trabalho.
Começou chegar em Monteiro,
Bem no mês de março.
As águas da transposição,
Com alegria e emoção,
Foi um lindo acontecimento.

Depois de mais de trinta dias,
E de muita agonia.
Ela começou a chegar no açude,
Que tinha capacidade,
Para mais de quinhentos milhões.
Estava apenas com onze milhões,
Com dois vírgula nove por cento.
De tristeza e lamento,
Naquele querido torrão.

Entre os dias doze e treze,
Do mês de abril daquele ano.

CECÍLIA OLIVEIRA

As águas começaram a chegar.
Tão simples e calma,
A água que lava a alma,
Que mata sede e a fome.
Que dá trabalho ao homem,
Começava a desbravar.
A nossa terra querida,
Que é toda nossa vida.

Com a última sangria,
No ano de dois mil e onze.
Passando mais de duzentos dias,
Com a água transbordando.
Começa surgir no horizonte,
Um sonho e esperança.
De ver o boqueirão sangrando,
Com ajuda das águas da transposição.
Que corre no chão do Nordeste,
Matando a fome do irmão.

O nosso querido açude,
Fique cheio e bonito,
Sangrando com muita água.
E os nossos rios,
Traga fartura para bichos,
Homem, mulher e criança.

Mas mesmo que chova,
Na nossa terra querida.

Temos que preservar,
A nossa mãe natureza.
Que nos dá a vida,
Trabalho, comida,
Fartura e muita riqueza.

Só a natureza nos sustenta.
Da água, nós temos vida,
Desenvolvimento e progresso,
Ocupação para as famílias.
Sem ela não podemos viver,
Temos que aprender a ter,
Responsabilidade e respeito.
Pelo um bem tão precioso,
Vale mais que qualquer tesouro,
Água fonte de vida.

Açude Epitácio Pessoa - Boqueirão -PB

26. NOITE DE INVERNADA

Amanheceu o dia.
O galo canta alegre.
Os pássaros de manhãzinha,
Começam cantarolar.
No céu um véu enorme,
Só faz aumentar.
Vai ter festa no meu lugar.

Depois que todos acordam,
Tomam seu café ligeiro,
Vão para a roça trabalhar.
O sol vai esquentando.
Os bichos vão procurando,
Uma sombra para se abrigar.

Cada vez o sol mais forte,
Antes do meio-dia.
Tem que ter muita sorte,
Para não ter agonia.
E o trabalhador segue,
Uma longa estrada.
Suado e com fome.
Olha para o horizonte,
Parece que vai ter invernada?

Chega em casa cansado.
As mãos cheias de calos,
Tem pouca água para se lavar,
Com a limpa, foi feita a comida,
Maria teve que lavar as vasilhas,
E os pratos para almoçar.

Depois vão se alimentar,
Pai, mãe e filhos.
Meu Deus como é bonito!
Uma família unida,
E juntos próximo da mesa,
Com as mãos dadas, a rezar.

E no almoço tem comida,
Feijão com ovos e cuscuz.
As vezes tem arroz,
Ou carne para almoçar.
Mas em frente da mesa,
Tem uma grande janela,
Que ver a natureza,
E a barra de chuva apontar:
Lá vem a invernada!

E quando chega a tarde,
Do sul ao norte,
Começam a aparecer nuvens.
Que ficam mais escuras.
E do leste também surgem,
E anunciam, noite de chuva.

E já de tardezinha,
Começa a surgir chuvinha,
Tem muitas nuvens no céu.
Do lado onde o sol se põe.
Tem relâmpagos e véu,
Que aos poucos vai sumindo,
E tudo escurecendo,
Hoje tem festa no céu!

As pessoas cuidam ligeiro,
Pega vela e candeeiro,
Para poder iluminar.
Pois o trovão anuncia,
Lá do alto bem longe,
Que é preciso guardar os bichos.
O vento já vem forte.
Lá do outro lado, o vizinho.
Grita, olhe para a serra,
É noite de invernada!

De repente chega o vento.
Todos se escondem ligeiro,
Animais e pessoas.
Procuram seu abrigo.
Seja nas pedras ou em casas,
Procuram sua família,
Que com muita alegria,
Começa a escutar.

CECÍLIA OLIVEIRA

O barulho do trovão,
Nas quebradas do ribeirão,
Vai assustando um bocado.
E o relâmpago mais forte
É chuva do sul ao norte,
Alegrando o Nordeste,
É um belo cenário.

Depois da noite de chuva,
Do medo da trovoada.
O lavrador acorda cedo,
Vai ver o que a chuva fez.
Vai andando nos caminhos,
Tem lama e poças de água,
Que maravilha, tudo cheio!

Ver as grutas e riachos,
Com a água correndo limpa.
E ele lava seu rosto,
Que enxuga seu pranto,
Lavando até sua alma.
Teve noite de invernada!

Como uma criança,
Corre para roça,
Pulando de alegria.
Agora vai trabalhar,
Vai feliz plantar,
Vai ter fartura e comida.

Toda família vai ajudar,
Uns vão plantar e colher.
Outros vão fazer pamonhas,
E na panela de barro,
Maria faz a canjica.
E todos numa festança,
Tem sonho e esperança,
Viva, noite de invernada!

27. VAMOS FALAR DE POESIA

Obrigado, Deus amado,
Por ser uma poetisa.
Que na arte da poesia,
Escreve com alegria,
E muita imaginação.
Com força no coração,
Vou alegre escrevendo,
Minhas adoradas rimas.

Obrigado pela oportunidade,
Meu Deus que me deste.
De publicar o meu livro,
Vida e alma nordestina.
Ver meus versos escritos,
Um sonho realizado.

Vida e alma nordestina.
Vida, do homem do campo,
Da mulher lutadora.
Que tem fé e no entanto,
Consola seu pranto,
Rogando por Nossa Senhora.
Alma é o que sai de dentro.
O amor pelo trabalho da roça.

A natureza, o sofrimento.
As tradições maravilhosas.
De quem ama o Nordeste,
Do seu lugar não esquece.

É o cantar dos pássaros,
De grilos e sapos,
Com a chegada da chuva.
Da dor da seca cruel,
Pois só o nosso Deus
Traz paz e fartura.

Do barulho do trovão,
Nas terras do meu sertão,
Que faz o povo cantar.
Da chuva que vai caindo,
Da flor desabrochando,
Da terra boa, para plantar.

Das grutas e riachos cheios,
Da correnteza a rolar,
Do verde cobrindo tudo.
Dos animais comendo,
No pasto engordando,
E tudo melhorando.
Obrigado muito obrigado,
Meu Deus, bom e amado.
Pelo dom de escrever,
Com amor no coração.

De rimar e sempre ter,
Amor pela minha região.

Pelo meu Nordeste querido,
Meu sublime torrão.
Minha gente hospitaleira,
Minha alma, meu chão.
Minha querida Paraíba,
Minha vida e poesia.